Für ....

Von ....

Herzlichen Glückwunsch
zum 75. Geburtstag!

Lassen Sie die Vergangenheit lebendig werden!

So funktioniert es:

1. SCANNEN

Im Innenteil dieses Buches finden Sie QR-Codes. Halten Sie entweder die Kamera Ihres Smartphones oder Tablets über den jeweiligen Code oder scannen Sie ihn mit einer geeigneten QR-Code-Reader-App, die Sie kostenlos im App Store herunterladen können.

2. BONUS-INHALTE

Öffnen Sie den auf dem Display erscheinenden Link – und freuen Sie sich auf das nun folgende Video. Probieren Sie es gleich aus!

Testen Sie die Scan-Funktion Ihres Geräts

1944

DEIN JAHRGANG

Was für eine Zeit!

1944 –
EIN BESONDERES JAHR
··················

Als wir vor 75 Jahren das Licht der Welt erblicken, steckt die Welt mitten in der Katastrophe. Der jüngste Tag scheint kurz bevorzustehen. Seit einem Jahr befindet sich das Deutsche Reich im „Totalen Krieg", das heißt, es wird nicht mehr nur an der Front gekämpft, sondern das gesamte Alltagsleben ist auf den nationalsozialistischen „Endsieg" ausgerichtet. Für die Zivilbevölkerung bedeutet das vor allem Engpässe in der Versorgung mit Lebensmitteln und anderen lebensnotwendigen Gütern. Die Alliierten verstärken 1944 ihre Luftangriffe auf deutsche Städte, sodass wir die ersten Monate unseres Lebens vermutlich größtenteils in Luftschutzkellern und Bunkern verbringen. Die gute Nachricht ist: Wir haben überlebt! Und glücklicherweise sind wir zu jung, um das Kriegselend zu begreifen. Nach den ersten harten Nachkriegsjahren wachsen wir in der aufblühenden jungen Bundesrepublik auf. In unserer Jugend gehören wir 1968 vielleicht zu den als „Chaoten" verschrienen Demonstranten, die sich wünschen, dass in Deutschland auch die letzten Überbleibsel des Nationalsozialismus aus Behörden und Politik verschwinden.

Was in unserer bewegten Kindheit und Jugend alles passiert ist, können wir uns mit diesem Buch noch einmal in Erinnerung rufen. Viel Spaß bei dieser kleinen Zeitreise.

Kleiner Sonnenschein
Unsere Eltern haben es im Moment nicht immer leicht. Da freut es sie umso mehr, wenn wir sie mit unserem glucksenden Lachen ein wenig aufmuntern.

Hallo Kleines!

Wir sind noch nicht ganz sicher, was wir von der Person mit dem schwarzen Kasten vor dem Gesicht halten sollen. Auch wenn unsere Mutter fröhlich ist – eine gesunde Portion Skepsis hat noch niemandem geschadet.

Unter Tage

In großen Luftschutz-bunkern gibt es mitunter extra Räume für Babys und Kleinkinder. Die Mütter der Kinder sind im Nachbarraum untergebracht.

Gut vorbereitet

Vielleicht hat auch unsere Mutter vor der Geburt einen Kurs in Kleinkindpflege an einer der vielen Mütterschulen besucht.

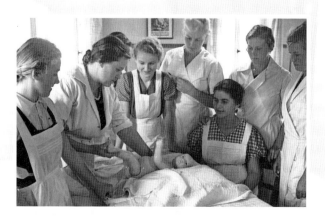

7

An der „Heimatfront“

KRIEGSALLTAG

....

Als wir geboren werden, sind unsere Väter mit großer Wahrscheinlichkeit weit weg von zu Hause. Sie kämpfen für die Wehrmacht im Osten oder Westen und sehen ihre Familie nur bei sporadischen Heimaturlauben, die immer seltener werden, je länger der Krieg dauert. In vielen Familien lernen die Neugeborenen ihre Väter überhaupt nicht kennen. Sie sterben, geraten in Kriegsgefangenschaft oder werden als vermisst gemeldet, noch bevor der Nachwuchs auf der Welt ist.

Umso größer ist die Last, die auf den Schultern unserer Mütter ruht. Sie allein sind für uns verantwortlich, sind bemüht, den immer kärglicher werdenden Speiseplan durch Tauschgeschäfte oder Selbstanbau aufzubessern und müssen wahrscheinlich auch noch arbeiten. Weil die Männer an der Front sind, müssen Frauen ihre Plätze in der Industrie einnehmen. Die nationalsozialistische Propaganda beschwört sie, an der „Heimatfront“ ihren Beitrag zu leisten, zum Beispiel indem sie die Kriegsproduktion am Fließband unterstützen.

Alle helfen mit

Obwohl die NS-Ideologie Frauen eigentlich in die Rolle der Hausfrau und Mutter drängt, müssen unsere Mütter jetzt reihenweise „ihren Mann stehen" und in Fabriken mit anpacken.

Erziehungsmaßnahme

Mit Plakaten wie diesen wird die
Bevölkerung zur Einsparung von
wichtigen Ressourcen aufgerufen.

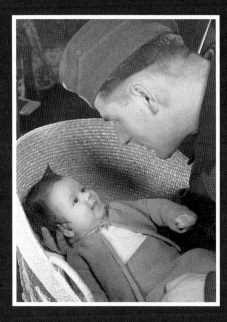

Heimaturlaub

Vätern und Kindern bleibt nur wenig
gemeinsame Zeit, bevor es wieder
zurück an die Front geht.

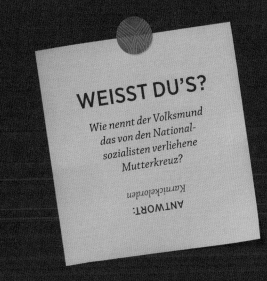

WEISST DU'S?

Wie nennt der Volksmund
das von den National-
sozialisten verliehene
Mutterkreuz?

ANTWORT:
Karnickelorden

Gruß aus der Ferne

Der Mann auf den Bildern,
nach dem sich unsere Mutter
sehnt, ist für uns ein Fremder.
Erst als der Krieg vorbei ist,
können wir unseren Vater
endlich kennenlernen.

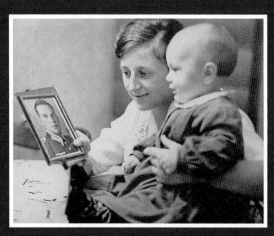

Zeitvertreib

KINO FÜRS VOLK

In Zeiten, in denen das Fernsehen in den Kinderschuhen steckt, ist das Kino eine beliebte Informationsquelle. Anders als heute geht man 1944 nicht nur für einen Film ins Kino. Vor dem Hauptfilm wird zunächst ein sogenannter Kulturfilm gezeigt. Dabei handelt es sich um Dokumentationen zu unterschiedlichsten Themen. Dann folgt die „Deutsche Wochenschau", die unter den Argusaugen des Propagandaministeriums produziert wird, in geschönter Form vom Kriegsgeschehen berichtet und das Publikum nach wie vor auf den „Endsieg" einschwört. Erst danach folgt der Hauptfilm. Im deutschen Reich beschränkt sich das Filmangebot dieses Jahr auf heimische Produktionen: Die Moral an der „Heimatfront" soll mit heiteren Filmen gestärkt werden, welche die Aufmerksamkeit für ein paar Stunden vom Kriegsalltag ablenken. Mit der „Feuerzangenbowle" gelingt das vortrefflich. Die Komödie mit Heinz Rühmann in der Hauptrolle ist einer der wenigen Filme aus der Zeit des Nationalsozialismus, der die Zeit überdauert und sich zum Klassiker mausert.

Zensiert

1944 stellt Helmut Käutner seinen neuen Film „Große Freiheit Nr. 7" vor. Es spielen unter anderem Hans Albers und Ilse Werner mit. Die Veröffentlichung zieht sich bis nach Kriegende hin, weil der Film den Behörden zu düster ist und das Motiv der Freiheit zu heikel erscheint.

Wat is en Dampfmaschin?

Professor Bömmel aus der „Feuerzangenbowle"
wird von „den Jungens" nicht ernst genommen,
macht seine Aufgabe aber eigentlich ganz gut.
Denn wir erinnern uns bis heute, dass eine Dampf-
maschine ein großer schwarzer Raum mit zwei
Löchern ist. Nur was es mit dem zweiten Loch
auf sich hat, das werden wir wohl nie erfahren.

Nachrichten

Die Wochenschau ist keine Erfindung
der Nationalsozialisten, doch sie wissen
das Medium für sich zu nutzen. Je länger
der Krieg dauert und je aussichtsloser ein
Sieg wird, desto weniger entsprechen die
Berichte der „Deutschen Wochenschau"
der Realität.

Mutters Star

Johannes Heesters ist in den
1940er Jahren der romantische
Held vieler Filme und wird zum
Herzensbrecher Nummer eins.

„Erlaubte" und „unerlaubte" Musik

UNBE-SWINGT

1944 schließen auch die letzten Theater und Konzerthäuser ihre Pforten. Musik findet künftig nur noch im privaten Rahmen oder auf dem Plattenteller statt. Im Radio hört man neben Hitlers Reden viel Marschmusik und deutsche Schlager. Von der amerikanischen Swingmusik bekommt man hierzulande nichts mit. Von den Nazis als „Negermusik" verunglimpft, ist Swing offiziell sogar verboten. So kommt es, dass der Rest der Welt Bing Crosby, Ella Fitzgerald und die Andrews Sisters hört, während unsere Eltern Filmschlager von Hans Albers und Zarah Leander geboten bekommen. Aber ganz so unschuldig, wie sie scheinen, sind diese Schlager nicht. Denn wer mitten im Krieg singt „Ich weiß, es wird einmal ein Wunder geschehen" (Zarah Leander), „Es geht alles vorüber" (Fred Raymond) oder „Davon geht die Welt nicht unter" (Zarah Leander), hat sicher nicht nur die große Liebe im Kopf. Dass diese Lieder es trotzdem an den Zensoren vorbei schaffen, liegt daran, dass man sie zur Not auch als Durchhalteparolen verstehen kann.

Schwedischer Export

Wie viele Schauspielerinnen dieser Zeit nimmt auch Zarah Leander einige ihrer Filmschlager auf Schallplatte auf. Ende der 1930er Jahre startet ihre Karriere in Deutschland und Österreich mit Titeln wie „Schlafe, mein Geliebter" und „Du darfst mir nie mehr rote Rosen schenken".

Das Ende vom Lied

Glenn Miller gilt als Ausnahmetalent der Swing-Ära. Er engagiert sich während des Krieges in der Truppenbetreuung und kommt am 15. Dezember 1944 bei einem Flugzeugabsturz über dem Ärmelkanal ums Leben.

Jeder hat ihn

Als das Radiomodell „für den kleinen Mann" wird der Volksempfänger in der Anfangszeit propagiert. Mittlerweile steht er in fast jeder Stube.

13

Flaute für die Mode

EIGENINITIATIVE IST GEFRAGT

Auftragen ist angesagt. Auch modebewusste Frauen müssen sich in diesen Zeiten mit dem begnügen, was schon da ist. Kleidung, Schuhe und Stoffe gibt es nur noch gegen Bezugsscheine und auch dann ist die Auswahl nicht eben berauschend. Also muss Frau sich zu helfen wissen und selbst Hand anlegen: Röcke und Blusen umschneidern. Hier und da beispielsweise ein bisschen Spitze von einer Gardine einarbeiten. Und wahrscheinlich generell alle Kleider ein bisschen enger nähen. Denn bei der derzeitigen Ernährungslage wird die gesamte Bevölkerung auf eine unfreiwillige Diät gesetzt. Generell machen die Frauen aus der Not bald eine Tugend. Schnitte und Ausstattungen werden deutlich schlichter als noch in den 1930er Jahren. Vorherrschend ist praktische Kleidung, in der man sich gut bewegen kann. Schließlich müssen fast alle Frauen mittlerweile arbeiten.

Männer müssen sich noch weniger Gedanken um ihre Kleidung machen, denn die männliche Freizeitkleidung ist fast vollständig aus dem öffentlichen Leben verschwunden. Stattdessen scheint mittlerweile jede Berufsgruppe, jedes Amt seine eigene Uniform zu haben.

Aufbereitung
Jedes Jahr werden in groß angelegten Spendenaktionen Altkleider gesammelt, die dann in mühevoller Kleinarbeit zu Uniformen umgeschneidert oder ausgebessert werden.

Auf Karte

Ein neues Kleid, ein Paar Winterschuhe – für alles braucht man jetzt den entsprechenden Abschnitt der „Reichskleiderkarte".

Marke Eigenbau

Diese beiden Damen präsentieren, was man alles aus Maisstroh basteln kann. Von warmen Schuhsohlen über Untersetzer bis hin zur modischen Tasche.

Weniger ist mehr

Ein typisches Kriegsmodell: schlicht, einfach herzustellen und zweckmäßig. Dieser Hut ist für die Feldarbeit gedacht und soll fleißige Erntehelferinnen vor der Sonne schützen.

Auszeit

DER SPORT MACHT PAUSE

Sportliche Großereignisse finden 1944 weltweit nicht mehr statt. Die Olympischen Sommer- und Winterspiele in London und Cortina d'Ampezzo werden abgesagt und auf friedlichere Zeiten verschoben. Stattdessen wird Sport jetzt nur noch auf nationaler Ebene und hier vornehmlich auf Kreisliga-Niveau betrieben. Trotz des reduzierten Spielbetriebs wird noch ein letztes Mal die Deutsche Fußballmeisterschaft ausgetragen. Im Finale der Saison 1943/44 treffen der Dresdner SC und der Luftwaffen-Sportverein Hamburg aufeinander. Dresden kann mit 4:0 seinen Vorjahrestitel verteidigen. Überschattet wird die Meisterschaft von vielen organisatorischen Problemen: Die meisten Spieler kämpfen für die Wehrmacht, sodass es für die Vereine immer schwieriger wird, Mannschaften aufzustellen. Viele kleinere Vereine schließen sich zu sogenannten Kriegsspielgemeinschaften zusammen. Hier können alle Spieler der beteiligten Vereine für jede Mannschaft aufgestellt werden. Wer als Wehrmachtsoldat nicht aus der Übung kommen will, kann im Ort seiner Stationierung als Kriegsgastspieler einem lokalen Verein beitreten, ohne seine heimische Vereinszugehörigkeit aufgeben zu müssen.

Gestählte Körper

Sport spielt in der NS-Ideologie eine große Rolle: Die Deutschen sollen ihren Körper fit und gesund halten, um dem Staat mit ganzer Kraft dienen zu können.

WEISST DU'S?

Welche Siegtrophäe erhalten die deutschen Meister 1944 zum vorerst letzten Mal?

ANTWORT:
Die Victoria, eine Bronze-statue, die im Krieg verloren geht.

Torjäger

Helmut Schön trifft im Finale der deutschen Meisterschaft zum 3:0 für den Dresdner SC. Uns ist er später vor allem als Trainer der deutschen Fußball-nationalmannschaft ein Begriff. 1974 gewinnt er mit seiner Mannschaft den WM-Titel.

Ausnahmetalent

Rudolf Harbig macht in den 30er Jahren als außergewöhnlicher Leichtathlet von sich reden. Bei den Olympischen Spielen gewinnt er die Bronzemedaille in der 400-Meter-Staffel, 1941 läuft er Weltrekord. Am 5. März 1944 wird er nach einem Fallschirmjägereinsatz als vermisst gemeldet.

Exil-Literaten

SCHREIBEN ÜBER DEN KRIEG

Viele Intellektuelle hat es in den vergangenen Jahren aus Deutschland getrieben. Entweder, weil sie einen jüdischen Hintergrund haben, politisch links stehen oder, weil sie nicht in einer Diktatur leben wollen. Es ist deshalb kaum überraschend, dass sie sich in ihrer Arbeit mit der Situation in der Heimat, dem Thema Flucht und Vertreibung und ihrer Zeit im Exil auseinandersetzen. Ein Beispiel ist die Autorin Anna Seghers. Sie verarbeitet 1944 in ihrem Roman „Transit" ihre Erlebnisse in Frankreich wenige Jahre zuvor, als sie mit ihrer Familie von Marseille aus nach Mexiko auswanderte. „Transit" erscheint zunächst auf Englisch und Spanisch, die deutsche Originalfassung wird erstmals 1947 in der „Berliner Zeitung" abgedruckt und erscheint 1948 als Buch. Bertold Brecht entwirft 1944 in „Der kaukasische Kreidekreis" ein Gleichnis, wie es sich im von der Diktatur befreiten Deutschland der Zukunft zutragen könnte. Die Uraufführung des Stücks findet am 4. Mai 1948 in Santa Monica statt, am 7. Oktober 1954 wird es zum ersten Mal in Deutschland aufgeführt.

Ehrung

Der Däne Johannes V. Jensen erhält 1944 den Literaturnobelpreis. Es ist das erste Mal seit Ausbruch des Krieges, dass der Nobelpreis verliehen wird.

Dramatiker im Exil

Wie viele andere Schriftsteller flieht Bertolt Brecht 1933 vor den Nationalsozialisten ins Ausland. Wenig später werden die Bücher des Kommunisten verbrannt, auch wird ihm die deutsche Staatsbürgerschaft aberkannt. 1948 kehrt er auf deutschen Boden zurück – 1956 stirbt er in Ost-Berlin.

Autobiografisch

Anna Seghers verwebt im Roman „Transit" ihre eigenen Erlebnisse auf der Flucht über Frankreich nach Mexiko. Sie kehrt nach dem Krieg in ihre Heimat zurück und wird eine der führenden Intellektuellen der DDR.

Pause vom Krieg

URLAUB
IN DER HEIMAT

Urlaub im Sinne von Wegfahren und die Seele baumeln lassen gibt es 1944 kaum noch. Busse und Bahnen stehen für Privatreisende nur noch mit Sondergenehmigung zur Verfügung und werden ansonsten vor allem für militärische Zwecke genutzt. Für uns Kinder gibt es eine besondere Art des Urlaubs: Um dem Bombenterror der nächtlichen Luftangriffe zu entgehen, werden Stadtkinder in Erholungsheime gebracht oder an Bauernfamilien im Umland vermittelt. Der schönste Urlaub ist aber der Heimaturlaub unseres Vaters – auch wenn der immer seltener und kürzer wird.

Fronturlaub
Die meisten Soldaten leben nur noch von Urlaub zu Urlaub, der Urlaubschein wird zum vielleicht wichtigsten Stück Papier.

In Sicherheit
Mit der Kinderlandverschickung soll sichergestellt werden, dass wir Kinder möglichst wenig von den Luftangriffen mitbekommen. Für viele Kinder bedeutet das aber auch lange Trennungen von der Familie.

Wer jetzt noch Geburtstag hat

PROMINENTE 44ER

2. März
Uschi Glas
deutsche Schauspielerin

26. März
Diana Ross
US-amerikanische Sängerin

7. April
Gerhard Schröder
deutscher Politiker

1. Mai
Costa Cordalis
griechischer Sänger

31. Juli
Geraldine Chaplin
US-amerikanische
Schauspielerin

17. September
Reinhold Messner
südtiroler Bergsteiger

Tauschgeschäfte

KONSUM
IN KLEINEN DOSEN

....

Einfach in den Laden gehen und Lebensmittel, Kleidung oder andere Dinge kaufen? Fehlanzeige. 1944 gibt es zwei Dinge zu beachten, bevor man etwas kaufen möchte: Erstens, wird das Produkt überhaupt noch vertrieben und zweitens, ist man in Besitz der entsprechenden Bezugsscheine? Erst wer beides bejahen kann, bekommt die Chance, ein Produkt zu erhalten. Gerade weil es in den Läden nicht mehr alles gibt, florieren alternative Beschaffungsmethoden. Auf dem Land kann sich die Bevölkerung meistens mit Obst und Gemüse aus eigenem Anbau versorgen, in den Städten wird es schon schwieriger. Hier muss man schnell sein und Glück haben, um zur richtigen Zeit im richtigen Laden zu sein. Oder aber man nimmt weite Strecken auf sich, fährt aufs Land und tauscht dort Schmuck und andere Habseligkeiten gegen Nahrungsmittel ein. Bei diesen Hamsterfahrten ist allerdings Vorsicht geboten: Falls unsere Mütter mit ertauschten oder auf dem Schwarzmarkt erworbenen Lebensmitteln erwischt werden, drohen ihnen Strafen und die Lebensmittel werden konfisziert. Dann war der ganze Aufwand umsonst.

Alternativen

Unsere Mütter bekommen viele Tipps, wie sie den Speiseplan trotz Einschränkungen abwechslungsreich gestalten können. Dieses Rezeptheft hat gleich mehrere Vorschläge für die Zubereitung von Salzhering.

Eigenbedarf

Wer kann, baut eigenes Obst
und Gemüse an, um etwas
unabhängiger von den Lebens-
mittelrationen zu werden.

Beschwichtigung

Mit Plakaten wie diesem versuchen die Nationalsozialisten der Bevölkerung
ihr Bewirtschaftungssystem plausibel zu machen. In der Realität sieht es aber
oft anders aus. Dann müssen unsere Mütter ebenso vergeblich Schlange stehen
wie die Menschen nach dem Ersten Weltkrieg.

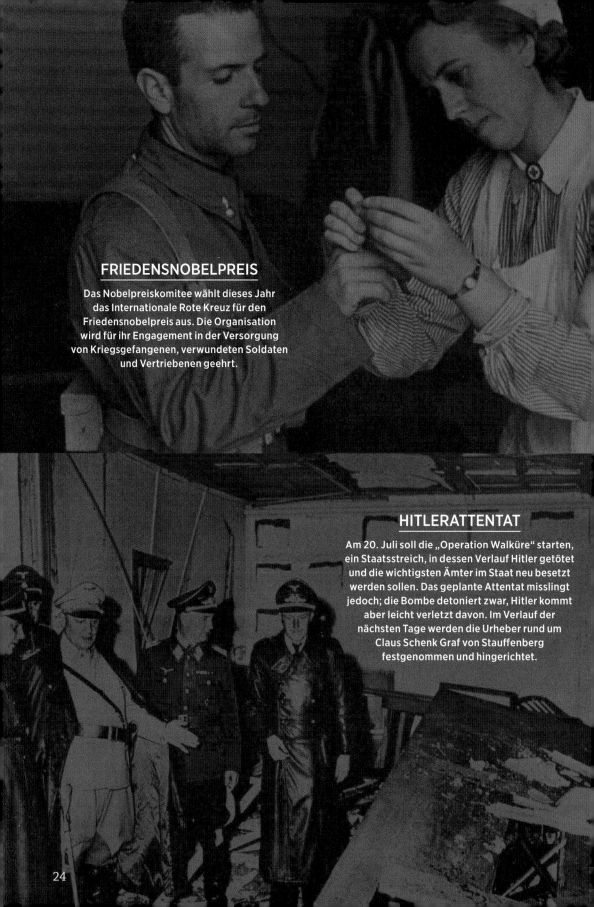

FRIEDENSNOBELPREIS

Das Nobelpreiskomitee wählt dieses Jahr das Internationale Rote Kreuz für den Friedensnobelpreis aus. Die Organisation wird für ihr Engagement in der Versorgung von Kriegsgefangenen, verwundeten Soldaten und Vertriebenen geehrt.

HITLERATTENTAT

Am 20. Juli soll die „Operation Walküre" starten, ein Staatsstreich, in dessen Verlauf Hitler getötet und die wichtigsten Ämter im Staat neu besetzt werden sollen. Das geplante Attentat misslingt jedoch; die Bombe detoniert zwar, Hitler kommt aber leicht verletzt davon. Im Verlauf der nächsten Tage werden die Urheber rund um Claus Schenk Graf von Stauffenberg festgenommen und hingerichtet.

ERUPTION

Im Frühjahr bricht zum vorerst letzten Mal
der Vesuv aus. Die Eruption kam nicht
ganz überraschend, sodass das Katastrophen-
gebiet rechtzeitig evakuiert werden kann.
Viele Menschen verlieren Haus und Hof
in den Lavamassen. Große Verluste hat auch
die US-Armee zu beklagen:
Rund 80 Kampfflugzeuge werden von
herabregnenden Gesteinsbrocken zerstört.

INFORMATIONEN ÜBER
ERBINFORMATION

Der kanadische Mediziner Oswald Theodore
Avery führt 1944 ein Experiment an Pneumo-
kokken durch, mit dem er nachweisen kann,
dass die DNA der Träger der Erbinformation ist
und nicht – wie lange angenommen – Proteine.
Averys Erkenntnisse dienten als wichtige
Grundlage zur weiteren Erforschung
der Molekulargenetik.

25

MEINE GEBURT

✳ Ich kam am .... um .... Uhr in .... zur Welt.

✳ Und zwar ☐ zu Hause. ☐ im Krankenhaus.

✳ Ich brauchte .... Stunden, bis ich auf der Welt war.

✳ Ich war .... cm groß und .... Gramm schwer.

✳ Meine Augenfarbe war ....

✳ Hatte ich schon Haare?

☐ Nein. ☐ Ja, die Farbe war ....

✳ Hatte ich schon große Geschwister?

☐ Nein, ich bin die/der Kronprinz/essin.

☐ Ja, ... Schwestern und .... Brüder.

✳ Meine Eltern gaben mir den Namen ....

✳ Sie haben meinen Namen für mich ausgewählt, weil

....

....

··· 🍼 ···

✽ Diese anderen Namen waren auch in der engeren Auswahl:

_____

✽ Hatte ich einen Spitznamen?

☐ Nein.   ☐ Ja, _____ .

✽ Meine erste Mahlzeit war   ☐ Mamas Brust.   ☐ Milchfläschchen.

Hier ist Platz für eines
meiner schönsten Babyfotos.

Unser erstes Jahrzehnt

AUFWACHSEN IM FRIEDEN
····················

Wahrscheinlich sind wir jung genug, um das Elend der unmittelbaren Nachkriegszeit nicht so bewusst zu erfahren wie unsere Eltern. Stattdessen erleben wir hautnah die Aufbaujahre der Bundesrepublik. Die Trümmer verschwinden nach und nach, die Versorgungslage wird immer besser und wenn wir Glück haben, ist auch unsere Familie endlich wiedervereint und wir haben Gelegenheit unseren Vater kennenzulernen.

Die 50er Jahre gehen als Deutschlands Blütejahre in die Geschichte ein. Vom Wirtschaftswunder ist die Rede, als die Beschäftigungszahlen der Vollbeschäftigung entgegengehen und sich im ganzen Land ein bescheidener Wohlstand breitmacht. Vielleicht sparen auch unsere Eltern schon Geld für das erste Familienauto oder sie legen Geld für eine Auslandsreise zurück, um uns das Meer an der Adria zu zeigen. Wir erleben jetzt die behütete und unbeschwerte Kindheit, die uns unsere Eltern gerne schon in den ersten Lebensjahren geboten hätten.

Der da!
Stolz präsentieren wir unseren Freunden unseren ersten Wackelzahn. Er ist ein wichtiges Indiz dafür, dass wir jetzt auch zu den Großen gehören.

Vater, Mutter, Kind

Jede freie Minute verbringen wir mit
unserer besten Freundin. Mit von der
Partie sind unsere Puppen. Der Kinder-
wagen ist unser ganzer Stolz, sieht er
doch haargenau so aus wie die Modelle,
die die echten Mütter durch die Straßen
schieben.

Au weh!

Der letzte Schultag vor den Sommer-
ferien – endlich haben wir wieder frei
und können den ganzen Tag spielen.
Aber zuerst müssen wir unser Zeugnis
zu Hause abliefern. Besser wir bringen
es schnell hinter uns.

Lieblingszeitvertreib

Klicker, Murmel oder Schusser –
überall heißen sie anders, aber
jeder kennt sie. Auf dem Schulhof
werden um die bunten Glaskugeln
Turniere ausgetragen und jeder
hofft, mit möglichst vollen Taschen
nach Hause zu kommen.

Trautes Heim, Glück allein

BEHÜTETE KINDHEIT

Nach dem Chaos der Kriegsjahre, sehnen sich alle nach Beschaulichkeit und geordneten Verhältnissen. Die traditionelle Rollenverteilung ist schnell wiederhergestellt, als die Männer nach Hause kommen. Die Väter gehen arbeiten und verdienen den Familienunterhalt, während sich die Mütter aus dem Berufsleben verabschieden können. Von ihnen wird erwartet, dass sie sich um Kinder und Haushalt kümmern und das Zuhause zu einem gemütlichen Heim gestalten.

Wir Kinder sind viel draußen unterwegs. Wenn wir nicht in der Schule sitzen, spielen wir mit Freunden und Nachbarskindern auf der Straße, in Hinterhöfen und Gärten. Wir veranstalten Puppen-Tee-Gesellschaften, spielen Fußball, Räuber und Gendarm oder unternehmen gemeinsame Streifzüge in der näheren Umgebung und bauen uns Hütten im Wald. Das Freizeitangebot in Form von Unterhaltungselektronik, Abenteuerspielplätzen und Tonnen von Spielzeug mag bei uns vielleicht noch nicht so groß sein, aber Langeweile kommt trotzdem nur selten auf.

Schwing die Hüften

Noch bevor ein gewisser Elvis seinen berühmten Hüftschwung vorführt, sind wir Expertinnen auf dem Gebiet. Schließlich üben wir täglich mit unserem Hula-Hoop.

Harte Kerle

Mit unseren Freunden liefern
wir uns wilde Schlachten in
bester Karl-May-Manier.
Mal gewinnen die Cowboys,
mal gewinnen die Indianer.

Ordnung ist das halbe Leben

In der Regel bleiben Haushaltsarbeiten
an unseren Müttern hängen. Dabei ist
die Hausarbeit jetzt noch deutlich
aufwendiger. Noch längst nicht alle
Familien besitzen einen Staubsauger –
von Spül- und Waschmaschine ganz
zu schweigen.

Modisches Erwachen

ADRETTES AUFTRETEN

Die Modewelt erwacht langsam wieder zum Leben. Wenn auch das Angebot von der Stange vielleicht noch manchmal zu wünschen übrig lässt. Wer allerdings selbst Hand anlegt, dem stehen modisch alle Türen offen. Dafür sorgen Handarbeitszeitschriften mit Schnittvorlagen, mit deren Hilfe sich auch nicht so vermögende Frauen der Pariser Haute Couture annähern können. Wichtig ist dieser Tage vor allem, dass die schmale Taille betont wird. Im Alltag geschieht das über schlichte, wadenlange Hemdblusenkleider, die mit einem Gürtel zusammengehalten werden. Die Beine stecken in neumodischen Nylonstrümpfen mit Ziernaht. Praktisch an dem neuen Material: Es ist so leicht zu waschen und trocknet schnell. Weniger praktisch ist der vergleichsweise hohe Preis. Deshalb lohnt es sich auch, Laufmaschen in Repassierstuben ausbessern zu lassen.

Auch Männer möchten Nylon nicht mehr missen: Nylonhemden trocknen schnell und faltenfrei, Bügeln ist nicht länger notwendig. Das freut unsere Mütter und den ein oder anderen Junggesellen.

Kleine Meisterin

Ganz stolz halten wir unser erstes selbstgenähtes Kleidungsstück in die Kamera. Noch kann es nur unsere Puppe tragen, aber vielleicht wagen wir uns bald an größere Kleider.

Neue Töne

Aus Amerika kommt der neue Trend:
Immer mehr junge Frauen tragen Hosen.
Besonders beliebt sind Caprihosen mit
geschlitztem Bein. Allerdings werden
behoste Frauen bislang nur in der Frei-
zeit toleriert.

7305

Abendgarderobe

Wer kann, sucht sich edle Cocktail-
kleider in Zeitschriften aus und
schneidert dann selbst.

Schmale Linie

Tagsüber herrscht
in den frühen 50ern
eine schmale Linie vor.
Die Röcke können
kaum eng genug sein,
sollen sie doch Taille
und Hüfte der Trägerin
möglichst gut zur
Geltung bringen.

WEISST DU'S?

Welche Verlegerfamilie
macht sich mit Schnitt-
mustern einen Namen?

ANTWORT:
Burda

KONRAD ADENAUER

Erster demokratisch gewählter Regierungschef
der Bundesrepublik wird 1949 der CDU-
Politiker Konrad Adenauer. Er bleibt bis 1963
Bundeskanzler und prägt mit seiner Politik
ganz entscheidend die Aufbaujahre
des Landes.

STAATSGRÜNDUNG

1949 werden zwei deutsche Staaten
gegründet. Im Westen die Bundesrepublik
Deutschland, im Osten die Deutsche
Demokratische Republik. Damit scheint
die Teilung Deutschlands endgültig.

SPRENGUNG

In der größten nichtnuklearen Sprengaktion
der Geschichte sprengen die Briten am
18. April 1947 mit 6,7 Kilotonnen Sprengstoff
die Bunker- und Verteidigungsanlagen
der Insel Helgoland. Die Aktion geht als
„Operation Big Bang" in die Geschichte ein.
Die bei der Planung in Kauf genommene
komplette Zerstörung Helgolands bleibt
glücklicherweise aus.

EVITA

María Eva Duarte de Perón, die Frau des
argentinischen Präsidenten Juan Perón,
prägt in den 40er Jahren die Politik Argentiniens,
indem sie sich für Frauenrechte und die Interessen
der Armen einsetzt. Sie ist die erste Latein-
amerikanerin, die in der von Männern dominierten
Gesellschaft eine solche Rolle übernimmt.
Am 26. Juli 1952 stirbt sie.

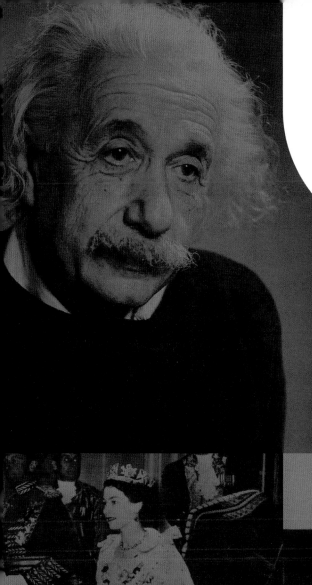

1945–54
WAS WAR LOS IN UNSERER KINDHEIT

ALBERT EINSTEIN

Der Physiker emigriert schon gleich nach der „Machtergreifung" in die USA und gibt auch seine deutsche Staatsbürgerschaft ab. Bis 1946 lehrt er an der Universität Princeton, dann wird er emeritiert und widmet sich bis zu seinem Tod im Jahr 1955 seiner Suche nach einer Weltformel.

SKANDAL

Am 5. Juli 1946 präsentiert die Nackttänzerin Micheline Bernadini ein äußerst knappes, zweiteiliges Badekostüm. Nicht etwa ein Modedesigner, sondern ein Ingenieur, der Franzose Louis Réard, steckt hinter der skandalösen Bademode. Inspiriert von den Atombombentests auf dem gleichnamigen Atoll lässt er sich seine Erfindung als „Bikini" patentieren.

KRÖNUNG

Nach dem Tod ihres Vaters König George VI. besteigt Königin Elizabeth II. 1952 den Thron. Ihre Krönung findet am 2. Juni 1953 in der Westminster Abbey statt. Für viele ist die Queen zum Inbegriff der Monarchie geworden.

MEINE KINDHEIT

✱ Diese Spiele habe ich am liebsten gespielt:

....

....

....

✱ Hatte ich ein Lieblingsspielzeug oder -stofftier, das ich immer bei mir haben wollte?

☐ Nein.   ☐ Ja, ...

✱ War ich im Kindergarten?

☐ Nein.

☐ Ja, und mein/e beste/r Feund/in dort hieß ....

✱ Das haben wir zusammen erlebt:

....

....

....

....

....

....

* *Das wollte ich werden:*

☐ *Feuerwehrmann* ☐ *Polizist* ☐ *Friseurin* ☐ *Lehrerin*

☐ ……………………………………………………………………………

* *Wann habe ich meinen ersten Milchzahn verloren?*

……………………………………………………………………………

* *So haben wir Weihnachten gefeiert:*

……………………………………………………………………………

……………………………………………………………………………

……………………………………………………………………………

……………………………………………………………………………

* *An den Weihnachtsmann/das Christkind habe ich geglaubt, bis ich ……… Jahre alt war.*

* *Mein schönstes Geschenk war …………………………………………… .*

* *Und das wollte ich immer, habe es aber nie bekommen:*

……………………………………………………………………………

……………………………………………………………………………

✻ *So habe ich meinen ersten Schultag verbracht:*

....

....

....

✻ *Das war in meiner Schultüte:*

....

✻ *Mein/e beste/r Freund/in in der Schule hieß* ....

✻ *Ein ganz besonders schönes Erlebnis mit ihm/ihr war:*

....

....

....

✻ *Diese Streiche haben wir zusammen ausgeheckt:*

....

....

....

✻ *Mein/e Grundschullehrer/in hieß* ....

✻ Diese Schulfächer mochte ich besonders:

....

✻ Und diese waren eher langweilig:

....

✻ Meine Lieblingsspiele auf dem Pausenhof waren:

☐ Kästchenhüpfen   ☐ Murmeln spielen   ☐ Fußball spielen

☐ Cowboy und Indianer   ☐ ....

✻ Hatte ich ein Haustier?

☐ Nein.

☐ Ja, es war ein(e) .... und hieß ....

✻ Diese Bücher habe ich verschlungen:

....

✻ Mein erster Kinofilm war ....

✻ Gesehen habe ich ihn mit ....

* Meine Lieblingsfilme waren:

☐ Das doppelte Lottchen   ☐ Pünktchen und Anton

☐ Das fliegende Klassenzimmer   ☐ Emil und die Detektive

☐ ....

* Diese Sportarten habe ich gemacht:

☐ Fußball   ☐ Handball   ☐ Schwimmen   ☐ Turnen

☐ ....

* Habe ich ein Instrument gelernt? Welches?

☐ Nein.   ☐ Ja, ...

* Mein Lieblingsessen bei Mama: ....

* Mein Lieblingsessen bei Oma: ....

* War ich mit meiner Familie im Urlaub? Wo sind wir hingefahren und wo hat es mir am besten gefallen?

....

....

Hier ist Platz für
meine schönsten Kinderfotos.

Die Halbstarken

WIR WERDEN ERWACHSEN

Einmal sein wie James Dean oder Marlon Brando. Unsere Jugendidole lernen wir häufig im Kino kennen. In Deutschland inspirieren Horst Buchholz und Karin Baal eine ganze Generation. Sie verkörpern die Gefühle, die viele von uns jetzt auch umtreiben. Die scheinbar heile Welt, die starren Regeln und die kleinbürgerliche Enge, die in vielen Familien herrschen, passen nicht mit unserem Weltbild zusammen. Wir möchten etwas erleben, auch mal auf den Putz hauen. Wir tragen Jeans statt Bundfaltenhose und Lederjacke statt Jackett und ecken mit unserem Verhalten ordentlich an.

In München kommt es 1962 sogar zu mehrtägigen Unruhen zwischen Jugendlichen und der Polizei, nachdem eine Auseinandersetzung mit Straßenmusikanten eskaliert. Die „Schwabinger Krawalle" einen Jugendliche aller Klassen und Schichten in ihrem Missmut gegenüber Polizei und Obrigkeit. Sie gelten als ein Vorbote der Studenten-unruhen der späten 1960er Jahre.

Doch egal ob wir zu den vielbeschriebenen Halbstarken gehören oder nicht: Die Jahre unserer Jugend prägen unser ganzes folgendes Leben. Jetzt stellen wir die Weichen für unser Berufsleben, nabeln uns vom Elternhaus ab und finden unsere erste Liebe.

Gemeinsame Zukunft
Vielleicht treffen wir in unserer Jugend diesen einen besonderen Menschen, mit dem wir den Rest unseres Lebens verbringen möchten.

Affenhitze

Der Sommer 1962 hat es in sich. Stellenweise klettert das Thermometer auf über 40 Grad. Da liegt es auf der Hand mit Freund, Zelt und Fahrrad ein paar Tage in der freien Natur das Leben zu genießen.

Adieu Kindheit!

Wo geht unsere Reise hin? Machen wir eine Lehre in einem Handwerksbetrieb oder ziehen wir zum Studieren in eine fremde Stadt? Egal wofür wir uns entscheiden: Uns stehen die spannendsten Jahre unseres Lebens bevor.

Beat-Musik in den Kinderschuhen

DIE WILDEN KOMMEN

·····················

In der deutschen Hitparade tut sich was. Zwischen deutschen Schlagerstars wie Freddy Quinn, Caterina Valente, Nana Mouskouri und Rex Gildo, schleichen sich nach und nach Rock 'n' Roll-Größen aus Amerika und Beatniks aus Großbritannien. Elvis Presley und Bill Haley fliegen ebenso die Mädchenherzen zu wie den schon länger etablierten deutschen Sängern, allerdings äußern die Fans ihre Begeisterung häufig etwas stürmischer. Von randalierenden Halbstarken liest man nach Bill-Haley-Konzerten in der Zeitung, nachdem es die Konzertbesucher nicht mehr auf den Stühlen gehalten hat.

1962 erobern schließlich vier Engländer die Herzen der Jugend auf der ganzen Welt. Die Beatles veröffentlichen mit „Love Me Do" ihre erste Single in Großbritannien. In die deutsche Hitparade schaffen sie es 1964 mit „I Want to Hold Your Hand" und öffnen hierzulande dem Beat Tür und Tor. Zeitgleich mit den Beatles aber für deutsche Radiostationen noch nicht massentauglich genug beginnen die Rolling Stones ihre mittlerweile 57 Jahre andauernde Erfolgsgeschichte als langlebigste Rockband der Welt.

Kurze Karriere

Buddy Holly prägt als Rock 'n' Roll-Musiker die Musikszene der 50er Jahre. 1959 kommt er gemeinsam mit zwei weiteren Rockmusikern bei einem Flugzeugabsturz ums Leben. Der Tag geht als „The Day the Music Died" in die Geschichte ein.

Schlagerstars

Drafi Deutscher, Udo Jürgens und
Roy Black sind drei der beliebtesten
deutschsprachigen Sänger.

Schwiegermutterschreck

Die Rolling Stones um Mick Jagger führen bei
Konzerten regelmäßig zu Ohnmachtsanfällen in
der begeisterten weiblichen Fangemeinde.
Unseren Eltern ist diese Begeisterung suspekt.

WEISST DU'S?

*Wie heißen die
Gründungsmitglieder
der Rolling Stones?*

ANTWORT:
*Mick Jagger, Keith Richards,
Dick Taylor, Brian Jones,
Ian Steward und Tony Chapman*

Begeisterungsstürme

Bei Konzerten der Beatles,
Rolling Stones, Elvis und
ähnlichen Musikidolen verlieren junge Mädchen
regelmäßig ihre Stimme,
ihr Herz und vorübergehend
auch ihren Verstand.

Was fährst du?

AUTOS FÜR ALLE

Als Schüler, Studenten oder Auszubildende fehlt uns natürlich noch das nötige Kleingeld für ein eigenes Auto, aber generell gilt: Wirklich ausgesorgt hat erst, wer sich ein Auto leisten kann. Das ist jetzt gar nicht mehr so außergewöhnlich, denn den fahrbaren Untersatz gibt es für fast jeden Geldbeutel. Das beliebteste Auto der Deutschen ist natürlich ihr VW-Käfer. Den gibt es bereits für einigermaßen erschwingliche 3.950 DM. Auf der Beliebtheitsskala an zweiter Stelle rangiert lange Zeit Opel mit seinen beiden Modellen Rekord und Kapitän. Etwas günstiger, aber beinahe ebenso beliebt, ist der sogenannte Leukoplastbomber Lloyd 300 von Borgward. Die Karosserie besteht aus Sperrholz und Kunstleder und ist deshalb äußerst billig in der Herstellung.

Auch wer sich noch kein Auto oder den dazu gehörigen Führerschein leisten kann, muss nicht unmotorisiert bleiben. Einige von uns sind vielleicht schon stolze Besitzer einer Vespa von Piaggio oder einer Lambretta von Innocenti. Die Motorroller erobern gerade den deutschen Markt und vermitteln uns das Gefühl des „Dolce Vita".

Für den kleinen Geldbeutel

Aus heutiger Sicht nicht gerade eine Familienkutsche, 1956 trotzdem beliebt. Das Goggomobil ist nur 2,9 m lang und bringt es auf maximal 85 km/h. Das Einhalten der Geschwindigkeitsbegrenzung fällt da nicht so schwer.

Deutscher oder Amerikaner?

Der beliebteste Pkw der Deutschen ist und bleibt der VW-Käfer.
Doch auch amerikanische Modelle von Ford verkaufen sich gut.

Knutschkugel

Die BMW Isetta ist ein Hybrid
zwischen Auto und überdachtem
Motorrad und bietet maximal zwei
Personen Platz. Anders als bei
gewöhnlichen Pkws betritt man
die Isetta von vorne. Mit der Front-
tür schwenkt auch gleichzeitig das
Lenkrad aus, um genügend Platz
zum Einsteigen zu machen.

JAMES DEAN

Kaum ist er berühmt und zum Idol
einer ganzen Generation geworden,
stirbt er 1955 bei einem Autounfall.
James Dean spielte nur in drei Filmen
mit und ist trotzdem unsterblich
geworden.

SPUTNIK

Die Sowjetunion schickt den ersten
Satelliten in die Erdumlaufbahn.
Mit Sputnik beginnt 1957 das Zeitalter
der Raumfahrt.

THE DAY THE MUSIC DIED

Bei einem Flugzeugabsturz nahe Clear Lake,
Iowa in den USA kommen 1959 die Musiker
Buddy Holly, Ritchie Valens und
The Big Bopper ums Leben.

MAUERBAU

In Berlin beginnt am 13. August 1961
der Bau der Berliner Mauer.

1955–64

WAS IN UNSERER JUGEND GESCHAH

ELVIS

Seinen zweijährigen Militärdienst leistet Elvis Presley in Deutschland ab. 1958 sorgt seine Ankunft vor allem bei der weiblichen Bevölkerung für Aufregung.

ATTENTAT

Am 22. November 1963 wird in Dallas der amtierende US-Präsident John F. Kennedy erschossen.

KOPFLOS

Der Kleinen Meerjungfrau, dem Wahrzeichen Kopenhagens, wird 1964 der Kopf abgesägt. Er bleibt bis heute unauffindbar.

49

MEINE JUGEND

✱ *Auf diese weiterführende Schule bin ich gegangen:*

....

✱ *Hatte ich Spaß am Lernen oder fiel es mir eher schwer?*

....

✱ *Diese Lehrer haben mich fürs Leben geprägt:*

....

✱ *Als Jugendliche(r) hat mich an meinen Eltern am meisten genervt, dass sie*

....

....

✱ *Aber heute bin ich ihnen dankbar für*

....

✱ *Besonders bewegt haben mich diese Lebensfragen und Ereignisse:*

....

....

....

✳ *Als Jugendliche(r) hatte ich den großen Traum, dass ich*

....

....

....

....

✳ *Ich habe mich für* .... *engagiert.*

✳ *Zum ersten Mal habe ich mich mit* .... *Jahren verliebt.*

✳ *Mein großer Schwarm hieß* ....

✳ *Mein erster Kuss hat sich so angefühlt:*

....

✳ *Hier traf ich meine Freunde am liebsten:*

☐ *Baggersee*   ☐ *Park*   ☐ *Bolzplatz*   ☐ *Tanzschule*

☐ ....

✳ *Die schwungvollste Party habe ich mit* .... *gefeiert.*

❋ *Unser lustigstes Partyerlebnis:*

....

....

....

❋ *Und das peinlichste:*

....

....

....

❋ *Das erste Mal Alkohol getrunken habe ich mit* ....

❋ *Meine erste Zigarette habe ich mit* .... *geraucht.*

❋ *Am liebsten mochte ich diese TV-Serien:*

☐ *Bonanza*   ☐ *Familie Schölermann*   ☐ *Perry Mason*

☐ ....

❋ *Diese Kinofilme waren ein Muss:*

☐ *Psycho*   ☐ *Sissi*   ☐ *... denn sie wissen nicht, was sie tun*

☐ ....

❋ *Besonders berührt haben mich diese Bücher:*

....

....

....

....

❋ *Ich hatte diese Lieblingsbands:*

....

....

....

....

❋ *Mein erstes Konzert war* ....

in .... *mit* ....

❋ *Meine Lieblingssportart war:*

☐ *Kegeln*   ☐ *Fußball*   ☐ *Handball*   ☐ *Schwimmen*

☐ ....

* Meine Lieblingsklamotten waren:

....

....

* Heute ist mir dieses Outfit besonders peinlich:

....

....

* Damit habe ich mein erstes eigenes Geld verdient:

☐ Zeitung austragen ☐ Autos waschen ☐ Babysitten

☐ ....

* Mit .... Jahren bin ich zum ersten Mal ohne Eltern, nur mit meinen Freunden in den Urlaub gefahren. Unsere Reise ging nach

....

* Unser lustigstes Reiseerlebnis war:

....

....

....

Hier ist Platz für
meine schönsten Jugendfotos.

MEINE ERINNERUNGEN, WÜNSCHE UND TRÄUME –
damals und heute

In den letzten 75 Jahren ist viel passiert – auf der Welt und in meinem eigenen Leben.

Die Fragen auf den folgenden Seiten regen dazu an, nochmals meine schönsten Erinnerungen wachzurufen, eine ganz persönliche Rückschau zu halten, aber auch einen Blick auf die kommenden Jahre zu werfen.

Was sind meine prägendsten Erlebnisse, meine größten Träume und meine wichtigsten Wünsche für meine Zukunft?

Was auch immer meine Antwort ist, eines ist sicher:
Mein Leben ist etwas ganz Besonderes.

＊ *Die schönsten Momente in meinem bisherigen Leben waren:*

....

....

....

....

....

＊ *Was waren und sind meine Träume? Welche davon haben sich*
schon erfüllt? Und welche möchte ich noch wahr machen?

....

....

....

....

....

Diese Ereignisse haben mich besonders geprägt:

....

....

....

....

....

Was bedeutet Glück für mich? Hat sich meine Vorstellung im Laufe der Jahre verändert? Was ist mein Glücksrezept?

....

....

....

....

....

* *Die fünf wichtigsten Dinge in meinem Leben sind:*

....

....

....

....

....

....

....

....

* *Das möchte ich unbedingt noch ausprobieren:*

....

....

....

....

....

....

....

....

* *Das wünsche ich mir für meine Zukunft:*

* *Was ist mein Lebensmotto?*

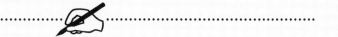

Hier ist Platz für Fotos
von meinem 75. Geburtstag.

Bildnachweis

<u>Coverfotos (von oben nach unten):</u> INTERFOTO / National Portrait Gallery; INTERFOTO / Friedrich; picture alliance / United Archives / Pilz; Privatarchiv Lothar Stanka
<u>Dekoelement:</u> Nadin3d / Shutterstock.com

<u>Innenteilfotos:</u> alle Abbildungen picture-alliance
<u>Hintergründe und Dekoelemente:</u> Shutterstock.com: ESB Professional, pking4th, supermimicry, Nadin3d, Maxim Cherednichenko, 3vectorbest, orangeberry, Heather M Hood, Fine Art Studio

<u>Dekoelemente Postkarte:</u> Maxim Cherednichenko / Shutterstock.com

Dieses Buch bietet Links zu externen Webseiten Dritter, für deren Gültigkeit wir keine Gewähr übernehmen.

© 2018 Pattloch Verlag
Ein Imprint der Verlagsgruppe Droemer Knaur GmbH & Co. KG, München
Gesamtgestaltung: Karin Etzold
Text und Bildauswahl: Anna Pezold, Neumann & Kamp Historische Projekte
Lektorat: Susanne Lieb, Pattloch Verlag
Druck & Bindung: Druckerei Uhl, Radolfzell

978-3-629-11531-7
www.pattloch.de
5 4 3 2 1

MIX
Papier aus verantwor-
tungsvollen Quellen
FSC® C004229